새는 새벽을 깨운다

조경숙 시집

청옥

시인의 말

무엇 하나 준 것도 없이
매일매일
기적 같은 하루를
선물 받았습니다

나도
한 스푼의
부끄러운 마음을
그 손에 내려놓았습니다

2019년 11월

조경숙

차 례

2부 고인 눈물

3부 사막을 건너는 강

4부 바위에 피는 꽃

5부 바람은 잠도 잘 수 없었다

1부 새는 새벽을 깨운다

예인선

너는 나의 예인선
네 몸짓에 우주는 출렁인다
너와 나를 잇는 생명선
운명의 끈으로 맺어진 우리

거친 풍랑 속에도
내 삶이 기울지 않는 건
나를 잡은 손 있음이라
오만 톤 배를 올리는 작은 배
혼신의 힘으로 거대한 몸을 이끈다
큰 배를 움직이는 작은 손

바닷길 여는 뱃고동 소리
항해의 깃발 오를 때
예정된 이별 앞에
수심의 너울도 고요하다

너는 나의 가슴에
혹한의 바람에도 지지 않을
등불 하나 걸어 두었다
너만 다닐 수 있는 길 놓았다

새는 새벽을 깨운다

새벽을 깨우는 새
노을이 불러온 아침
아무렇지도 않은 일들이
의미로 다가오는 날

매일 걸었던 길도 새로워지고
지루한 일상에 희망을 적는다
달력에 표하지 않은 날과
여러 날 소식 없어도
전화에 적힌 너의 음성

나는 예전처럼
들뜬 손으로 화장을 서두르고
아침을 준비한다
오늘, 나의 하루는 특별해진다

기다림으로 죽을 수 없는 새
영원을 살 수 있었다

꽃이 천 번을 진다 한들
너를 잊을 수 없다
순간이 순간을 지운다 해도
나는 내일도 거기에 있을 테니까

흔들리는 사람

채 여물기 전 떨어진 열매
준비 없이 받아 든 친구의 부음
영원을 가장한 시간 앞에 사람은 흔들린다

서둘러 가는 계절
가는 줄 알면서 물드는 나무
떠날 줄 알면서 사랑하는 사람들
괜스레 부산해지는 계절
골목 언저리마다
위로의 인사와 만남이 분주하다

가을은 설익은 마음을 걸어
서로를 볼 수 있는
감정의 선을 당겨 놓았다

온전히 잊혀 미움마저 지워진다면
멀어짐보다 가엽지 않은가
오늘 가기 전 충분히 살아 보기

봄꽃이 아름다운 이유

봄이 아름다운 건
꽃잎 속 겨울이 있기 때문이다

병고가 깊을수록 고귀해지는 생명
시련을 모르는 행복은 없었다
햇살 좋은 꽃에서
폭풍의 이야기를 들을 수 있었다

어제도 오늘을 위한 것
웃음 속 눈물의 흔적을
햇살 속의 그늘을 보았다
큰 기쁨을 위해 더 아파야 했다

오늘보다 고단한 어제를 눈여겨볼 일이다
아름다운 봄꽃에서
겨울 이야기를 들을 수 있었다

가을비

밖에 비는 내리고
나뭇가지 물드는 소리
행여 마음 젖을까 창을 닫았다

약속 없이 찾아온 손님
창틈 사이 부는 바람에
온몸 눅눅할까
마른빨래를 걷고
겹겹이 문을 걸었다

연일 내리는 가을비에
언어의 단속도 꼼꼼해진다
내 모서리에 아픈 사람
가시를 앓는 사람
혼자 다스릴 수 없었다
서로 만나 부딪혀야 했다

계절의 혼숙도 쉽지 않았다
여름과 가을의 화해도
그리 수월치 않았을 거다

나의 중심에 너를 앉힐 때까지

여름이 잠들 때까지

비는 아직 멈추지 않는다

하루를 살았다

어둠이 가까워지는 소리
바람 걸어가는 소리
풀벌레 길어진 울음소리
계절 다가오는 소리

침묵이 일어나는 밤
더 가까이 다가가 보라
귀 기울여 들어보라
해는 자리를 비운다

수많은 언어에 구멍 난 가슴
치유의 밤은 왔다
편견 없는 어둠 속에서
종잡을 수 없었던
너의 마음도 읽을 수 있었다

별 떨어지는 소리
낡은 가지 부러지는 소리
삶이 교차하는 시간
상실의 밤은 가고
내일이란 기차를 탄다

소리가 빛이 되는 밤
밤을 지나야
온전히
하루를 살았다 말할 수 있다

달이 없다면

달이 없다면
파도는 울지 않을 텐데
달이 없다면
바다는 그 마음 보이지 않을 텐데
달이 없다면
사람은 전설을 말하지 않을 텐데
달이 없다면
우리가 보낸 숱한 시간
뜨거운 태양에 지고 말리라

우리 만남이 고귀한 건
달 속에 그려 둘 곳 있다는 것
별 없는 밤도 길을 잃지 않았다

너를 떠날 수 없었다
네게 속하여 행복하였다

사랑에 무릎 꿇다

내게 부족한 것이 나를 일으키듯
지금의 간절함은 꿈이 되었습니다
결핍이란 씨앗의 수만큼
내일을 피울 수 있었습니다

나를 찾는 당신을 봅니다
나의 고통에 아프고
나의 눈물에 젖은 당신이었습니다

오래 기다리던 당신께
이제야 다가갑니다
느지막이 열린 문
당신의 선물을 보았습니다
차려진 사랑에 무릎 꿇었습니다

가시 장미

오월 이른 날
장미는 온통 가시를 앓는다
내 아픔이 어떤 빛깔일지
나는 알 수 없었다

장미는 제 몸 아린
상처마다 가시를 키웠다
깊은 향기를 위해
눈물도 지워야 했다
고통까지 사랑해야지
가시의 진통으로
꽃은 피기 시작하였다

가시가 뾰족할수록 네 생명
또한 견고하리라
가시가 아니면
장미는 그토록 붉지 않았을 테니

너를 살고 있었다

너로
하루를 보내고
너로
하루를 채비한다
네가 보낸
한 스푼의 사랑과
한 방울의 눈물로
나의 심장은 뛰었다
너와 나 사이
수많은 갈래 길
나의 눈과 귀는
오직
너를 향하였다
설렘
두 손을 놓친다 해도
우리는 같은 자리에 있었다
대답할 수 있는 거리에
너의 마음 내리는 곳에
나는 머물러 있었다
너를 살고 있었다

은빛 연어

남대천에 가면 은빛 연어가 있다
갈대가 소리 내어 울던 밤
안간힘 다하여
물 찬 지느러미 향하는 곳
처음 난 고향이었다

강물과 바닷물이 손잡은 곳
치우치지 않아
마음 내릴 수 있었다

나를 놓기 위하여
연어는 살빛 비늘 세우며
죽기 위하여
살기 위하여
바다를 거슬러 먼 길 돌아왔다
남대천에 가면
은빛 강물을 닮은 은빛 연어가 있다

내일을 모르는 새

새는 날고 싶을 때 난다
새벽 젖은 깃털로
해를 노래하는 새는 즐겁다

내일을 모르는 새들에게
무엇보다 소중한 건 지금
오늘이 흥미로운 사람에게
가벼운 날개가 있다

아침의 새는 저녁을 생각하지 않는다
전선에 걸터앉아 내려보는
그 눈에 우주가 있다
새의 동공보다 작은 세상에서
내일, 또 내일을 말하는 사람들

빈 의자

낯선 길의 빈 의자
누구를 기다리는지
궁금한 마음이 곁에 앉았다

무엇을 알려거든
한 발 다가 보라
어떠한 말보다 속해 보는 것
비 오면 비가 되고
바람 불면 바람이 되는 것

저 멀리 흩어지는 메아리보다
더 가까이
손이라도 잡아볼 일이다
잠시라도
우리가 되어보는 것

너를 들으려고 앉은 곳에서
모르던
내 마음도 들을 수 있었다

돌보아야 했다

친구에게 별보다
더 많은 말을 쏟아놓고
안도의 집으로 돌아가는 밤
별빛도 없는 길을 휘청거렸다
누구도 대신할 수 없는
나만의 자리
내놓을수록 깊어지는 상처에
나는 몸을 떨어야 했다
살면서 하지 말아야 할 것과
해야 할 것에 대한 분별 앞에
위태로운 생각과 길어지는 말
진실은 포장하면 할수록
작고 초라해진다는 사실에
나는 크게 울지도 못하였다
나의 서러운 너
우리는 연약한 생명
사람을 위로할 사람은 없었다
나는 나를 돌보아야 했다

사랑은

사소한 말에 실금 지는
나는 유리잔
차가워 보이지만
실은 연약해
가리지 않은 속내
너에게 보이고 싶었다

불길 속의 물처럼
만나는 순간 화해는 시작된다
사랑은 부딪히는
아픔으로 키워지는 것

때로 마주치는 소리
깨어질까 조심스러운
사랑은
두려움마저 사랑하는 것

두드림

발소리 잃은 실골목
누구도 찾지 않는 곳
아무도 열지 않는 문
부르지 않던 이름

닫힌 문 두드리는 소리
등 일으키는 손길
꽁꽁 얼은 마음 녹여
죽음 하나 미루었다

녹슨 문이 열릴 때
묵은 마음 빗장도 풀렸다

천사를 만난 사람
이제 문을 걸지 않는다
세상이 부르는 소리
나를 잡는 손
부르는 이름 있기에

어머니란 달빛으로

밤이면 우물 뜬 달은
두레박 건지고 노는 친구였다
내 가는 곳마다 한발 질러가던 친구

정월 대보름 큰 달은
어머니 소원 들어주던 하늘이었다
터놓지 못한 이야기
지새우던 어머니의 어머니였다

손 빌었던 그 딸은 달보다 멀리
기력도 없는 굽은 등
한 줌 손 어머니 보러
달빛 이고 돌아오는 밤
딸을 그리는 마음
달보다 먼저 나와 있었다

열두 달 지지 않는 달
달보다 밝은
어머니란 달빛으로

감아야 보인다

때로 눈 감아야 한다
감아야 볼 수 있으므로
닿을 수 없는 눈의 거리
눈이 갈 수 없는 곳
좁은 눈에 넣지 못하는 것

헐렁한 생각과 물렁한 머리로
너를 볼 수 있다면
지구의 중심은 달라지고
일상의 다툼은 지워지리라

너를 듣기 위하여
자세히 보기 위하여
눈 감아야 한다
감아야 볼 수 있으므로
눈 감는 순간
잠들어 있던
만 가지 세포가 일어날 테니까

바람이 붑니다

바람이 붑니다
어디선가 풀 스러지는 소리가 나고
또다시 부는 바람에
한 슬픔이 일어나는 기척이 들립니다
하루도 젖지 않은 날은 없었습니다
기쁨과 슬픔에
언제나 눈물은 흐르니까요

바람이 붑니다
길을 가는 걸음이 빨라집니다
때로
눈물도 잊고 살아야 할 때가 있습니다
바람 소리에 묻혀
나를 잊고 싶은 적도 있었습니다

강물은 불어나고
소용돌이치는 물결 속에
새로워진 사람과
새로 만들어진 길이 있습니다

길은 떠났습니다
바람을 따라
세상은 몇 걸음 나아갔습니다

2부 고인 눈물

고인 눈물

나 어릴 적 슬픈 날이면
갯벌에 쌓아 둔 모래성
그날의 슬픔을 꽁꽁 묻어두었지
너를 보내고 돌아오는 길
그리움이 해일처럼 일 때
너를 찾듯 더 깊은 모래를 쌓았지
우리들의 푸르른 기억과 갯벌의 발자국도
화석이 되어 버린
밀물과 썰물이 아픈 바다에서
깨끗이 지운 줄 알았던
무수한 눈물이
조개의 상처가 될 줄이야
그 누구도
깨트릴 수 없는 돌이 되었어
나를 앓아 왔던 시간이
영롱한 보석이 되었어
어떠한 존재로, 영원한 것으로
너를 지키고 싶었던 거야
고통의 고귀함에 대하여

굴비

굴비보다 뼈 마른 허리는
똬리에 양동이 이고
젖은 새벽 발로
굴비 팔러 나간다

서해 물 절인 조기는
빛깔 따라 제값이지만
해 더운 날 비린 손에
거머쥔 삶은 곤하다
해거름 들머리마다
목 터지게 외던 소리
슬플수록 높아져 간다

아들 기다리는 밤
남은 굴비로 차려진
때 늦은 저녁상
굴비는 과분한 대접이었다

오월은

임이여
오월은 소리로 옵니다
향기 흩어지는 소리
새 깃 터는 소리
풀잎 자라는 소리

오월은 잠들 수 없습니다
꽃의 향기로운 말보다
사람의 떨리는 입김
천 개 봉우리 깨우기 때문입니다
소나기 만남에 웃을 수 있고
가만히 있어도 전화가 오는
생각만으로 달콤한 날입니다

오월은 만나는 날입니다
만나기 위해
문을 여는 날입니다
돌아올 사람을 위해
마음도 열어 두었습니다

꼿발

집 오래 비운 사이
세 들어온 개미
지하 방도 흥감하고
신혼 살이 재미지다

무심히 내디딘 발
그 행복이 다칠까 봐
꼿발을 한다

해 높은 날
물 좋은 개구리
초록이 혼란해서
두 발을 세웠는데
여러 날 눈 밖이다

지난 발을 생각한다

한 발 상처는 얼마인지
그걸 알지 못한다
발 세우듯 마음을 세운다

질경이

모두가 어리석다 일컫는 일이
나에겐 흥미로웠다
비탈진 길일수록 신을 묶었다
남이 비켜 가는 곳
내가 살고 싶은 터이다
손 버려진 곳이 나의 집

밟을수록 일어나는 정신
위험으로 커지는 용기
누구보다 강인한 생각으로
척박한 길을 지어가는 너
스스로 선택한 삶
낮추어 높을 수 있었다

내 부족함이 삶의 밑거름 될 줄이야
작은 몸에 큰 꿈을 품은 너
아픔으로 피어나는 꽃이었다

비 와서 맑은 날

아기는 걸음마 배우는데
엄마는 걸음을 잊었다
지팡이도 무거운 날
엄마는 소풍을 간다

비 마중 받으며
만개 웃음 실은 길
전해 오는 뜬구름 소리
구름보다 높은 소리
비로 걸을 수 없다는
속없는 어리광이다

기분 좋은 투정인 걸
내 모를 리 없지만
얼씨구나 쿵 장단친다
엄마가 소풍 가는 날
비 와서 맑은 날이다

아직 여기에 있다

사람 떠나간 자리
사랑 오랠수록
남겨진 흔적은 깊다

사람 떠나간 자리
지운 줄 알았는데
그 자리 아픈 건
가지 못한 것 때문이다

남은 너의 음성과
숨은 체취로 인해
나는 너를 생각하며
또 다른 너와 함께 살아야 했다

사람은 가도
나누었던 시간 속
무수한 것으로
너는 아직 여기에 있다

폭죽 나무

사월 떠나갈 무렵
이팝나무 흐드러지고
가지마다 꽃 축제 열린다

여러 날 기다림에
지쳐 갈 즈음
하나둘 잎 흩는 소리
겨울 빈 가지에
봄은 폭죽처럼 터졌다

네게 열어 둔 날
기다림에 가슴 뛰었다
내 안에 숨은 여백
너 있던 자리
이팝나무 터지는 소리
소원 이루는 소리
기다린 만큼 행복하였다

내 안의 나

길에 혼자 있을 때
외진 골목에서
누군가 기다리는 너를 보았다
사람이 모여든 자리
떠들썩한 곳엔 보이지 않아
빈손으로 걸어가는 길
한때 지친 발끝에서
슬픔의 벼랑에서 돌아선 너를 만날 수 있었다
보다 편안한 얼굴과 표정으로
다가서는 너를 볼 수 있었다
잃어버린 길에서
나와 함께 방황하며
밝은 길 위에서
안도의 숨을 내쉬었다
이길 저길 헤매다
집으로 돌아오는 하루
다시 온 너를 놓칠까
잃을까 두려워
빛을 가까이 들고
곳곳에 있는 너를 찾았다

미리 지는 꽃

미리 지는 꽃
미리 가는 사람
봄의 문턱에서
놓쳐 버린 계절

타인의 지독한 아픔에
한 방울의 눈물처럼
엄중한 삶 앞에
가벼워지는 말들
고통은 겪는 자에게 솔직하다

우리가 할 수 있는 건
침묵의 자리와
눈물의 무게뿐

기쁨보다 먼저 온 슬픔에 대하여
다가올 봄에 대하여
이 모든 걸 알기 전
꽃은 미리 지고 말았다

첫 냄새

볼 수 없어도 몸에 익은
달콤한 향보다 어머니 냄새

폐부로 가는 후각 너머
기억의 냄새는
중추에 누각을 짓고
바람만 불어도
꿈틀대는 물길을 놓았다

돌아가고픈 유년의 길목
태반 내리던 곳
그 길 따라 닿을 수 있는 곳

이름만으로 눈시울 데워지는
사철 마르지 않는 땅
나의 첫 냄새, 어머니였다

가시나무 생각

그것은 두려운 몸짓
말할 수 있는 용기
나를 향한 외침이었다

외로운 선인장의 뾰족함도
상처가 아니라
살기 위한 눈물이었다

내가 만든 가시로
네게 다가갈 수 없었다
고통 없이 치를 수 없는 삶
더 여물기 위한 생각
속 푸른 씨앗이었다

이제 견고한 가시를 벗으니
꿀 젖은 마음으로
너를 오래 기다릴 수 있었다

성산포에서

네게로 가는 길
두려움도 잊어버린
바다는 푸른 외침뿐

외로움이 일렁이는
깊은 어둠의 터널 속에도
나는 울지 않았다

바위를 일으키는 바람처럼
네게로 향하는 아득한 길
너라서 나는 갈 수 있었다

물결 내리치는 가파른 고갯길
헤쳐 나가는 이 아픔도
너라서 나는 행복할 수 있었다

단풍 사랑

여름보다 멀어진 하늘
하늘보다 아득한 얼굴
보내고 다시 그리운 계절

모두가 지나간 자리
채우려 할수록 커지는 곳에
더 비우는 사랑을 부으렵니다

구월엔 단풍 같은 사랑을 하렵니다
아픔도 고운 가을 잎
온전히 사르고야
다시 만날 수 있었습니다

내 안의 소리보다
너를 들을 수 있는
구월은 지금 발등에 있습니다
산마다 들마다 혹독한 가슴앓이
사람을 찾고 싶은 계절입니다

놓을 수 없는 손

평탄한 길을 갈 때
너의 손은 부드러웠지
막다른 길을 나설 때
돌부리에 다칠세라
서로에게 눈을 떼지 못했어
갈수록 길은 비탈지고 혼란스러워
두 어깨 마주 보아야 했지
우리 가야 할 곳은 멀고 먼 길
건너야 할 강가에서 너의 등을 빌리기도 했어
혹한의 바람에 서로의 옷깃을 세워주고
바람벽이 되어 주었어
구름 흐린 날엔 푹 젖은
마음을 닦아주었지
마침내 발 닿은 그곳엔
오직 한 사람만 둘 수 있었어
나눌 수 없는 너와 나
우리를 이은 건 햇살보다
고난의 강이었음을
거친 손은 말해주었지
놓을 수 없는 손, 우린 하나가 되었어

수제비 국

하늘이 내려온 날
한나절 밀 포대 풀어놓고
마루에 퍼질러 앉아
양푼이 밀반죽 찰지게 치대고 싶다

멸치육수 뽀얀 다시
혀 반죽 한 점씩 떼어 넣고
눈물 씻을 청양고추
듬성듬성 그리운 생각만큼
호박, 감자 숭덩숭덩 썰어 넣고
마음 들썩이게 끓여본다

두 손바닥 맞추었던
그 사람은 반백이 지났고
식성마저 엇갈린 두 마음
시원한 국물로 하나 길 찾았다

길을 깨다

때로 불온하다 부르는 것과
위험과 두려움이
새 길의 열쇠가 되었다

두 손 깃발을 들고
충혈된 거리를 나서야 한다
버리지 않고
깨어지지 않는 출발은 없을 테니까

선한 미움이 지난 후
찾아오는 진정한 고요
평탄치 못한 무수한 삶이
우리를 두고두고 평온케 하였다

어둠을 밝힐 수 있는
고난을 걸을 수 있는
그 중심은 용기보다 사랑이었다

눈물이 만든 별

내 흘린 눈물 한 방울
하나 별 되어 오른다

여러 날 쏘아 올린
별이 있어 밤은 어둡지 않다
무수한 별의 무리
어둠 속 길을 놓았다

내 쏘아 올린 별
이고 있는 세상에
두려움은 없으리라

어둠 속 피어난 별
내 흘린 눈물이
세상을 비추게 될 줄이야
별 있는 밤
그 누구도 혼자가 아니었다

3부 사막을 건너는 강

사막을 건너는 강

바람 등을 타고 사막을 건너는 강
강은 먼 길 여행할 수 있었습니다

나의 등이 되어준 당신께
무거운 짐 맡겨두고
가벼운 몸으로
진흙 길도 가뿐히 건너보렵니다

훗날, 묶은 짐 풀어
시간의 거름으로 묻어두렵니다
새순 오르면 물을 주고
나를 돌보듯 지키렵니다
열매마다 알알이 맺은 씨앗
새 언약을 담았습니다

생명은 믿는 순간
그 힘만으로
끝없는 가지를 키워갑니다

향기로운 사람

바람을 흐르는 구름 따라
산등성이 외진 곳
무리 지어 피어나는 꽃
함께 있어도 삶은 외로운 것

담담한 너의 표정과 얼굴에도
눈물 비린 냄새가 난다
내색하지 않으려 앙다문
구근은 생명의 근원이었다

꽃이 흔들릴 때마다 바람이 분다
골마다 깊은 향기
버려야 할 것이 많은 삶에
차마
꺼내지 못한 이름이 있다

볼수록 보고픈
너의 이름은 수선화
삶이 향기로운 이여

사랑초

사랑 없이 피지 않는 꽃
백 번의 말보다
내 마음을 열었다

너를 위한 길이라면
마른 길도 행복하였다
빛의 혼돈과 그늘에서도
나는 향기로울 수 있었다

네 생각으로 아름다운 하루
사계절 질펀하게 웃음이 난다

꽃의 새처럼
새의 꽃처럼
돌아서면 그리워지는
어린 마음을
꽃대 위에 올려놓았다

메타쉐콰이어 길

메타쉐콰이어 길에 서면
수직을 지켜가는 삶이 보인다

빙하기의 우직함
하늘을 세워 놓았다
올곧은 용기
바람도 길을 비켰다

계절이 쌓이는 곳
사철이 함께하는 길에선
누구도 외롭지 않다

메타쉐콰이어 길에 서면
생각도 나무처럼 길어진다

바람도 비켜 가는 길
바른 이 길에서
휘어가는 건 바람이었다

슬픔의 뒷면

우린 자유로울 수 없다
천 가지 이유의 구속으로부터

내 안의 것조차
가늠할 수 없는 못 미친 사정
기쁨을 찾기보다
슬프지 않을 이유를 찾아야 한다

멀지 않은 곳에 기다리는
밀물 같은 행복과
빈 들판에서도 살아야 할 이유를
뚜렷이 보아야 한다

찾으려 하는 눈에 있는 것을
눈물에 가려 보이지 않는 것을

꽃을 품은 꽃

네 행복이 내 것인 양
꽃으로 꽃을 품은 꽃
너를 위하여
나를 잊기로 했다

꽃이 너처럼 살 수 있다면
사람이 너만큼 고울 수 있다면

보이는 듯 보이지 않고
들리는 듯 들리지 않게
드문 사랑을 노래하는 너

누구라도 손잡고
어울릴 수 있는 네 천성
사랑치 않을 이 없어라
꽃으로 꽃을 노래하는 너

새벽이슬

새벽이면 젖는 풀잎
누구나 마음 꺼낼 때
말보다 먼저
눈물이 난다

골수보다 깊은 곳
숨은 울음
미소에 가려진
상처는 눈물과 함께
스스로 아물어 간다

이른 아침 붓꽃이
더 아름다운 것은
해 보기 전
잎마다 흘린 이슬로
제 아픔 씻기 때문이다
슬픈 생각 지우기 때문이다

도다리의 눈물

해변 묵은 횟집에 도다리 횟감 있다며
회 뜬 살과 그놈 우린 탕 자랑이다
비린 날에 회 쳐진 몸
아가미 속 살아있는 맥박에
서러운 눈물이 고여 있다

오토바이 생계 진 소년의 토막 난 꿈
쓰러진 도로 위 뜨거운 혈흔
내몰린 주검에 사흘 비는 내리고
일상은 비처럼 흐를 것이다

도다리의 삶이 제 것이 아니듯
소년의 운명도 제 탓이 아니던 걸
나르던 짐보다 무거웠을 하루

그 안에 접은 꿈이 못내 아쉬워
회 한 점 들지 못한 채
다하지 못한
내 삶의 흐린 밀도를 되돌아본다

푸른 웃음소리

겨울 가는 길모퉁이 어린 쑥
떨어진 해 줍는다
해진 옷 남루하다
그 모습 어리석다 생각 마라

잠든 흙내 깨우느라,
묵은 마음 달래느라
작은 씨알들의 하루는 바빴다

보이지 않아도 봄은 오듯
언 땅 달래는 향 좋은 쑥부쟁이의 손짓
지천에 쑥으로 봄은 잔치라

쑥 향기 피는 봄날이면
빈 소쿠리 수북한 소식에
봄 캐는 아낙들 얼굴마다
봄날보다 푸르른 웃음소리

나를 보았다

너에게 나를 보았다
어떤 이유로 마주한 사람에게서
가까운 사람의 얼굴에서
독특한 나의 표정을 읽을 수 있었다
나를 좀 더 알기 위하여
더 많은 사람과 일을 만나야 했다
나는 나를 볼 수 없으므로
오래된 사람들과
때로 처음 본 사람에게 물어야 했다
너에게 보이는 나는
알다가도 모를 생각까지
알수록 새로워지는 나의 모습이다
한때 같이한 사람들의 얼굴이
나에게도 있었다
고치지 못한 습관과
주름 고인 웃음과 건네던 친절까지
동일한 모습이
나의 곳곳에 들어 있었다

숲의 가장자리에선

빛과 어둠이 만나는 지점
계절과 계절의 혼숙
분명한 말보다 여유로운 생각
침묵으로 소통할 수 있었다

화사한 꽃밭 사이
뿌리내린 거름으로 사는 것
흐르는 강으로
때로는 낮게 때로는 높게
서로의 키를 맞추었다

너의 보폭을 생각하며
나의 걸음을 맞추었다
속하여 자유로울 수 있는 곳
더불어 살아가는
자리에 다툼은 없었다

체취만으로 기름진 땅
두드러지지 않기에
누구나 행복할 수 있었다

별을 심었다

– 세월호 희생자의 넋을 기리며

아
말을 잊어버린 바다
바람도 울었다
사람이 부끄러운 날

너를 두고 돌아오는 길
엄마는 매일 보이는 곳에
영원히 지지 않을 별 하나 심어 놓았다

아
한자리에 모인 별
그건 밤을 위한 것이었다
유난히 어두운 밤을 위해
다투어 피어나는 별

하늘에 심은 별은
밤하늘 빛으로
환한 웃음으로
가슴마다 살아있는 별이 되었다

돌아가고 싶은 곳

보리 익어갈 때면
겨울 난 바지락에 간물 오를 때
기름 넉넉한 팬 위
살 찬 조갯살과 등 푸른 밭
부추 뚝뚝 꺾어
햇살 좋은 사람끼리
이리저리 둘러앉아
두런두런 일 없는 이야기
밤을 밝혀가던 곳
한나절 햇살만큼이나
손 큰 사람들의 인심
생각만으로 배부른 밥상
일상이 허기져 올 때
누구라도 마음 트고
내 허물도 벗어놓고 싶은 곳

상사화

보고픈 마음이야
말은 못 해도
갈래갈래 타는
마음만큼이나 할까

너의 모든 것
미움까지
몸서리치게
그리며 피어나는 꽃

파도의 길

나를 부르는 몸짓
나를 깨우는 함성
어제는 부풀다 지워지는
하나의 포말에 불과하다

폭풍처럼 일어나는 바다
고요를 거부하는 몸짓
흔들리지 않는 출발은 없다

태양을 마주하는 순간
소나기도 이슬이 된다
지독한 열병 지나면
시련에 웃을 수 있다

하늘 이르는 길
멀고도 가까운 길
파도는 그 길을 가고 있다

새가 높이 나는 이유

새가 높이 나는 이유는
눈에 아픔 있기 때문이다
가지 위에 앉은 새
생각에 사로잡혀
서로의 자리에서 울고 말았다

한 마리 새
하늘 높이 올랐다
잊기 위하여
새가 할 수 있는 건
한 발 오르는 거다
눈에 안기는 세상
멀수록 작아져 간다

아픔도 멀리 보니
이내
지나가는 구름이었다

작약

작약꽃 그 속 보았나
어지러운 빛깔
층층 꽃잎마다 숨은 이야기

짙은 향일수록
하고 싶은 말은 많아
향을 감춘 꽃
침묵하는 속은 깊었다

사랑한단 말보다
말 없는 그리움이
마음 아프게 한다

저 모르게 지는 작약
진 자리에 까만 씨앗
못다 한 말
씨앗에 담아 두었다

더 많은 꽃송이로
더 고운 빛깔로

나무가 되다

그리 고왔던 사람이
그리 연약한 사람이
한 그루 나무가 되었다

못다 한 정이 아쉬운 나무는
두 주먹 꼭 쥐고
예정된 집으로 뚜벅뚜벅 걸어갔다
미루어 두었던 일과
이루지 못한 생각을
고이 묻어두기로 하였다

처음 보는 나무에 빛이 새롭거든
새잎 두드러진 너를 보리라
한 잎 한 잎 놀라운 생명에
눈 맞추리라

함께한 어떤 날도 헛되지 않았다
상처도 고운 단풍잎
황폐한 이 땅을 날로 거름 지었으니
새 생명 이루었으니

4부 바위에 피는 꽃

바위에 피는 꽃

바위에 핀 꽃
꽃이 보다 귀한 건
그늘의 아픔을 알기 때문이다

무심한 바위 사이
억겁의 시간과 눈물이 맺힌 꽃
바위는 침묵으로 꽃을 피운다
때로 바위의 덤덤함보다
심장의 떨림을 듣기로 한다
가슴에 고인 눈물
한 송이 꽃을 올려놓았다

바위를 울린 건
천둥보다 이른 새벽
작은 이슬방울이었다
이슬 품은 바위
꽃을 피워 놓았다

내일이 궁금할 때

강은 능선의 굴곡과
지나온 길을 담고 있다
꽃 지난 곳에 꽃 같은 생각
구름 핀 곳에 구름 마음이 있다

사람의 얼굴에도 지난날이 있어
말하지 않아도
걸어온 시간 거울처럼 맑다
내일이 궁금할 때 오늘을 보라
나의 지금
숨길 수 없는 어제의 민낯이다

단단한 바위에 새겨진 된여울 빗살무늬
다가왔다 사라지는 파도
사소한 자국 하나
스쳐 간 향기까지
무엇 하나 놓치지 않는 얼굴이다

너의 안부를 묻는다

오월엔 편지를 쓴다
새 물고 온 이야기
접은 꽃잎의 속사정
구름 없는 날에 대하여

수평선을 지나온 배
겨우내 묶었던
소식의 닻줄을 풀었다
궁금한 손에 긴 편지를 보낸다

보낼 곳 있다는 건
그리움 있다는 것
꺼내고 싶은
얼굴 하나 가졌다는 것
궁금해지는 오월, 너의 안부를 물어본다

장독대

소금에 절인 사정 독마다 절절하였다

하야네 독엔 설움이,
울 엄마 퍼주고 싶은
독엔 사철 인정 넘치고,
상훈 엄마 콩잎 장아찌
입맛 간 사람들 입을 도왔다

사람보다 늙은 장독대
사람 마음 모를 리 없었다
바람과 햇살의 입김으로
해묵을수록 깊어가는 장맛

철모르는 아이들
보는 눈길만으로 자라던 곳
사람도 진국이었던
그곳에서 익지 않는 건 없었다

누굴 닮았을까

갓 태어난 아기를 두고
앞다투며 하는 말
누구를 닮았을까

사람의 예리한 눈에
수만 개의 모습으로
수많은 이름이 된다

할아버지의 손을
할머니의 이마를
그대로 닮은 아기는
어쩌면
저 먼저 알고 있었던 거야

갓 울음 짓는 아기
저 하나의 탄생으로
제 뿌리를 드러낸다

나 줄 것 없으나
두렵게 살아가는 것
볼 수 없는 것까지
그려내는 아기를 위하여

봄비

기다림은 비가 되었다
순간의 만남으로 촉촉한 세상
마음 서걱이는 날
고인 외로움은 비가 되었다

다문 봉우리 열리는 소리
문 여는 계절이 왔다
불가물로 헤진 곳 찾아온 너

오랜 가뭄에도
한때 젖은 기억만으로
나무는
한 생애 꽃을 피운다

그리운 얼굴만으로
사람은
지지 않는 꽃이 되었다

십 리 대나무 길

십 리 대나무 길에 서면
들려오는 소리가 있다

하나 아픔으로
하나 마디를 맺고
마디 위에 키 자라는 나무
비운 만큼 굵어진 마음
속 여물어진 생각이다

때로 휘어지는 순간
생의 버팀목이 되었다
늘 바라보던 외길
오직 하늘을 걷는다

단단한 생을 위하여
제 속까지 비우는 삶
더 비우기 위한 울음이 깊다

순간을 살다

순간을 살기로 하였다
우주의 찰나로
또 하나 별이 태어나듯
순간이 영원이 되고
미소가 큰 기쁨 되었다

사소해지기로 하였다
가치를 두기에 모자라는 일
흥정할 수 없는 곳으로
무게를 두었다

담을 수 없는 풍경과
느낄 수 없는 떨림에
감각의 문을 열었다

돌아선 자의 등에
해의 체온을 빌려주리라
별 저문 자리에
마음의 촉수를 세우리라

이 모든 여정의 첫걸음은
물음 없던 내 삶의 응답이었다

머위 나물

나 어릴 적 입맛 잃은 봄날
울 엄마 즐기시던 머위 나물
쓴 게 좋다던 그 맛을
그땐 알 리 없었다

머위 잎보다 몇 곱이나
쓰디쓴 날을 지나고 보니
머위보다 깊은 나물은 없더라

이제야 봄이면 심심한 맛은
성에도 차지 않아
쌉싸름한 머위로 달래던
엄마의 허기진 그 마음이
곰삭은 맛으로 혀에 아린다

더 달기 위하여
더 써야만 하였다

강 마을 사람

강이 좋아 강에 사는
강 마을 사람
흐르는 물길 따라
소리 없는 하루를 산다

사람도 고요한 마을
기차의 기척에 새벽이 오고
새 깃 터는 소리에 계절이 돌아온다

후회하지 않는 삶
주저하지 않는 삶
돌아보지 않기에
가슴 아플 일은 없었다

묵은 짐 내리기 위해
물 가까운 역으로 간다
강으로 사는 강 마을 사람

나를 찾아오는 날

소래포구 물 잠기는 날
보는 것만으로 좋은 네가
나를 찾아오는 날

태양도 모르는 우리 사이
바다는 온몸을 뒤척거렸다

별 하나 생명이 된 지구
돌고 도는 행성
우주를 움직이는 건
무엇보다 간절한 마음이었다

소래포구 물 잠기는 날
보는 것만으로 좋은 네가
나를 찾아오는 날
순간으로 벅찬 우리의 만남
소래포구는 물에 안겼다

다가오는 봄

왜 이리 훈풍 부나 했지요
햇살에 입 내민 암술
벌은 결사적 구혼을 하고
우편함 속 소식 수북
궁금한 계절이에요

햇살은 몸 비비고
빈 가지 몸 틀 때
몇 집 건너 혼사 소식
새 부리 터는 소리
쿵쿵 설레는 심장 소리
환히 들려오는 봄날이에요

눈웃음 피우는
비릿한 아지랑이
터질 듯 부푼 흙을
간지럼 태운다니까요
다가오는 봄
낯가리지 않는 봄이에요

무지개 꿈

시멘트 벽돌 사이에 피어난 꽃
흙냄새 모르는 아이들
이슬보다 투명한 살결

하늘과 바람이 만든
꽃의 변신 알기나 할까
마술 부리는
구름의 깜짝쇼를 보기나 했을까
파란 하늘 저쪽
무지개를 건너가 보았을까

심심한 놀이터에
아이들은 간데없고
바람만 홀로 그네를 탄다

궁금한 아이들 신을 신었다
해도 놀란 아이들 함성
하늘은 더 큰 무지개 걸어 두었다

불씨

쌓인 기억의 지푸라기
다 모아 태우기로 한다
재만 수북한 더미 속
숨어 있는 불씨

사람의 신화를 만들던
오랜 별들의 주검
잠든 불씨의 자락
바람이 불을 지핀다

부활을 꿈꾸는
위험한 불씨의 자락
먼지로 지는 날까지
죽어도 죽지 않는다

살아서 위험한 불씨
그렇지 않은 삶은 죽음이었다
태울 것 없는 인생
재는 대답하지 않는다

불보다 뜨거운 기억
열대의 그리움으로
불씨는 제 몸 태우며 산다

옷을 벗다

매미 울음 데려간 비로
가을은 다가온다
세반고리관 어디쯤
너의 음성 남았는데
구월은 여름보다 성급히 다가선다

구월은 옷 벗는 소리
풀벌레 허물 벗는 소리
계절이 돌아누울 때
가을이 아픈 자 몸져누웠다

작은 것으로 무너지는 사람
아프고 나는 계절
아프지 않고야
진정한 시작이 없음을 안다

더 익기 위하여
들어선 문턱, 구월이다

바다의 성장

경기 중 넘어진 선수
주저앉지 않았다
일어서는 반등의 힘
고통으로 커지는 보폭

바람 아니면 시들한 바다
때 아닌 해풍에 춤사위 치는
바다는 바람으로 살아있다

바람보다 높은 파도의 힘
파도를 다스리는 바다
바다는 파도의 저항으로 일어난다

나를 깨워 준 너
아픔 주고 간
너를 미워할 수 없었다

멸꽃이 필 때

화려한 집어등의 부름에
응답하는 꽃
바다에 피어나는 꽃
생의 마지막 순간
바다에 폭죽이 터진다

새벽 갓 오른 멸치는
궁한 속 달래는 멜국으로
살 내린 액젓으로
어부와 전 생애를 나눈다

서로를 떠날 수 없는 곳
추자도 앞바다에
가을빛 오른 어부와
은빛 꽃들의 밀당이 한창이다

천년 소나무

나무가 늙어 간다는 건 왠지
보굿 속 여린 마음
한 겹 더 숨겨둔다는 것
수척한 얼굴이 슬퍼 보인다

걷잡을 수 없는 감정의 폭풍우에
때로 옷 벗고 싶은 날
기댈 등 하나 외로운 나무
제 몸의 똬리만 쥐었다 편다

주고 싶은 만큼 피어야 하는데
주름보다 굵은 씨알을 맺고
그저 바라보는 기쁨만으로
변하지 않는 마음 하나로
천년을 하루같이 살아가는 너

바람은 물결을 걸어가고

바람은 물결을 걸어가고
기차는 역으로 달리고
가을이 산을 내려올 때
사람들은 집을 나선다

갈 곳이 있다는 건
기다림이 있다는 것
아직 그리움이 남았다는 것
돌아가기에 늦은 시간은 없었다

혈관을 흘러가는 적혈구
고통을 만날 때마다
나의 심장은 고동을 친다
갈 곳이 없다 해도
나는 지금 뜨겁다

하루는 강처럼 사라지고
바람은 물결을 걸어가고
기차는 달리고
그리운 사람은
계절과 함께 다가온다

5부 바람은 잠도 잘 수 없었다

바람은 잠도 잘 수 없었다

바람에 지는 건 가지뿐 아니다
지난밤 소리 무성하더니
그 바람 지난 마당엔
빈 가지와 버려야 할 마음이었다

바람에 지는 건
설익은 생각과
덜 여문 녹색 미움이었다

때로 바람이 부는 건
흔들리고야 단단해지는 뿌리
그를 위한 시간이었다

곧은 길 걷는 나무를 위하여
큰 열매 위하여
무엇보다
잔걱정 지새는 너를 위하여
간밤에 바람은 잠도 잘 수 없었다

안갯속에서

가을이 가는 길을 걸었다
지척도 알 수 없는 길
끝없이 피어나는 구름
안개비 되어 바람에 흩어간다

안갯속에선 몸 젖는 일뿐
확실한 건 아무것도 없었다
그 무엇도 뚜렷하지 않았다

삶의 무게로 근심의 등짐 진 사람아
우리가 할 수 있는 건
산 너머를 짐작하지 않는 것
지금 온전할 수 있다면 마음 족한 것

안개도 내일의 거처를 알 수 없으니
안개 짙은 거리에선
오직 지금이라는
그것만이
내가 아는 유일한 길이었다

탄생을 위하여

– 윤설 태어나다

산통이 높아져 간다
한 생명을 위하여 엄마는
별을 보아야 한다
고통으로 고귀한 삶

신음이 하늘 닿을 때
비로소 꽃은 열린다
생명은 두려움 속
수많은 사람의 간절함으로
피어나는 것

꽃 맺은 건 가지만 아니다
사랑의 정원에서
햇살과 바람의 기도
숨은 정성으로 빚어지는 것

산고 속에 사람은 난다
뜨거운 눈물 뒤
태어난 건 부모라는 걸

벚꽃 길

바람이 걸어가는 거리
햇살 받은 소녀의 소라 귓등에
복사 꽃물이 들었다

길 아래 엎드린 모성
땅을 쥐고 있는 뿌리
흙에 무릎 꿇고
가는 탯줄로 꽃 피우는 어머니

한 가지 기쁨으로
천 가지 아픔 잊은 모성
꽃길 속 숨은 궁극이 보인다

오늘 길 잃어도
내 두렵지 않은 건
흔들리지 않는 뿌리
보이지 않는
그 사랑 알기 때문이다

그런 집

내가 살고 싶은 집은
높은 담이 아니다
한 발 돋우면 속이 훤한 집
들락날락 헐렁한 문
흙벽 숭숭한 틈 사이
들릴 듯 말 듯
이야기가 끊이지 않는 집
계절의 꽃과 새
노래에 나무가 흔들리는 집
사람 훈기에 하루 따스하고
고추와 무말랭이 돗자리에
해를 널어놓은 집
느긋한 인심이
손을 부르는 집
온돌이 따스하고
마루가 오래된 집
만날수록
이별이 길어지는 그런 집이다

봄바람 향기

나 살던 마을 도랑에 물 흐를 때
참을 수 없는 너의 향을 안고
긴 겨울 문지방을 넘었다

봄볕에 걸터앉아 너스레 뭇 이야기
막 부친 초벌 미나리전 앞에 두고
봄바람이 건네주는 안부를 듣는다

햇살 아지랑이 가물가물 어지러운 날
몹시도 궁금한 얼굴이 가까워진다

누구나 꺼내어 보고 싶은
지워지지 않는 사람이 있다
향으로 되살아나는 날들이 있다

맑음

오늘같이 맑은 날
모두에게 맑은 일 있기를
새 숨결 고른 아침
살아있음이 큰 기쁨이기를

가을은 바람에 있고
그 안에 달콤한 향기로
너를 묻고 싶은 여유를
노곤해지는 저녁
뜸하던 친구를 생각하며
지난 일에 달처럼 웃고
착해지는 소망 하나 품기를

꽃들이 오색 옷 차려입고
내가 지을 수 있는
가장 고운 마음 되는 건
다시 오지 않을 날 때문이다
오늘이 끝인 양 살아가기를

사과가 익을 때

사람에게 향기가 난다

큰어머니 손에 익은 사과
상처 난 것일수록 달다고
떨어진 사과에 부는 바람도 달았다

사과가 익을수록 기다림도 깊다
사과 향 깊은 날
가만히 있어도 그리워진다

가을은 사람의 빈 곳에
속 깊이 단물을 뿌려놓았다

가을에 물든 얼굴
사과보다 붉어진 가슴
사람에게 달달한 향기가 난다

노을 연가

무료한 전철에 정물같이
물 없는 무릎이 앉았다
향을 잃어버린 꽃
바스락 바람에 스러진다

내릴 곳 없는 하루
관절 아려 올 때면
열 손가락 맺힌 옹이에
꽃 하나쯤 피우고 싶다

거꾸로 가는 시간 속
먼 이름 불러보는 꽃
돌아온 봄날
가시 말간 얼굴로
다시 피어나는 꽃

꺾는 손이라도
마주 잡고 싶은 꽃
꽃은 소망으로 물오른다

너와 나 사이에

울퉁불퉁 돌멩이로
층층이 탑을 쌓았다
쌓은 돌에 부는 바람
틈으로 무너지지 않았다

모난 구석 맞대고
얼기설기 등 기대어
한몸 되었다
뜨거운 사랑의 반흔보다
부족한 사랑이 깊다

보고도 그리운 건
너를 바라보는 거리
우리 사이 틈 때문이다
바람이 숨 고르는 곳
탑은 틈으로 살아있다

서로를 생각하는 거리
사랑을 지켜주는 거리
우리 사이 틈이었다

처음처럼

꽃이 진다고 울 일 아니다
거두고 간 자리
더 많은 약속을 남겼으니까

임이 간다고 울 일 아니다
간직한 시간 속
기억만으로 나는 달라질 테니까

설령 피지 못한 꽃이라도
기다리는 마음만으로
지독한 아픔은 잊을 테니까
떨어진 낙엽으로
우리의 겨울은 따스할 테니까

기억 못 할 어느 날 꽃은 피었고
나는 처음처럼 눈부신
향기로 벅차오를 테니까

지지 않는 별

별을 그리던 반 고흐
지지 않는 별이 되었다

거부하던 마지막까지
사람을 부르는 손짓이었다
혈흔의 빛으로 캔버스는 출렁거렸다

삶을 앓아왔던 고흐
가슴엔 그 무엇보다 사람이었다

지고서야 볼 수 있는 빛으로
활화산 같은 삶을 태웠다
내게 부족한 것으로
넘치는 생을 살았다

각혈하던 외로움에
띄울 곳 없는 편지를 적어 보낸다
더 살고 싶기에 더 죽고 싶었다

나는 알지 못한다

태풍을 거두어가는 손
구름을 부르는 소리
바다의 끝없는 외침을
나는 알지 못한다

바람이 지나가는 산 아래
피는 쑥부쟁이의 꿈을
한 생애 흔들리는 파도의 길을
나는 알지 못한다

아무것도 모르는 나는
모르는 것도 모른 채
바람보다 크다며
산보다 높을 거라
물의 길을 막으려 한다

예기치 못한 아픔과 손실
골수에 쌓인 그리움은
어디에서 왔는지
나는 영영 알지 못한다
단정 지을 수 없는 삶
낮추어 가기로 하였다

꽃을 든 사람

붉은 꽃잎보다
더 붉은 향기가
그녀에게서 났다

회색 병실
에틸알코올의 차디찬 냄새를
날리는 미소
양공주란 이름만으로
지울 수 없는
너의 향기는 진실하였다

병 수발로 넉넉히
쥐어 준 품삯
사람들 메마른 눈에
상처 난
꽃잎은 시들어 갔다

꽃보다 앳된 얼굴
꽃보다 여린 마음
그녀가 꽃처럼 웃고 있다

씨앗을 기다리며

가을을 심으러 가을로 갑니다
여름 길 지나, 계절을 건너
흙내 피는 곳으로 달려갑니다
먼저 온 비는 손을 걷었습니다
젖은 고랑 사이에 새 눈 같은 씨앗 놓고
체온의 흙을 덮었습니다
흘린 땀만큼 과실 거두고
그래도 헛헛한 마음 한 켠
휴식의 고랑을 남겼습니다
기다림의 씨앗을 뿌립니다
흙 속에 생명 내릴 때까지
또 다른 오늘을 두었습니다
내가 뿌린 것에 대하여
다시 만날 것에 대하여
영원함에 대하여

가르다 호숫가에서

가르도 호수 속에 알프스가 있다
순백이 고운 산
호수에 시린 몸을 담근다

산은 물에 살고
물은 산으로 산다
서로에게 흐르고 있다

바람은 물속에 있고
마을은 물 위에 있는 곳
모두가 삶의 여행자
일상이 신비롭기만 하다

아이의 웃음소리
큰 개 짖는 소리
잠든 호수에 아침이 온다

매 순간 변하는 창밖의 풍경
날마다 기적 같은 일이 만들어진다
과거와 오늘이 만나는 곳

미움을 모르는 곳으로
빛은 시작되었다
사랑의 체열은 알프스를 품었다

이쪽과 저쪽 사이

울음의 강은 끝이 없었다
추억도 그리움도 함께 띄웠다

영정 속 그녀는
회색 구름 사이 미소 짓는데
가로막힌 문
이쪽과 저쪽 사이
멀고 먼 강
건널 수 없는 사람의 눈물
강은 울렁거렸다

만나면 만날수록 삶은 외로워
더는 외롭지 않은 길
향기로운 일만 있는 곳
백합과 국화가 손을 내밀었다

떠나지 못한
그리움만 강물에 밀려왔다

다시 태어난다면

나 다시 태어난다면
헤아릴 수 없는 슬픔으로
돌아선 사람의 아픔과
나란히 걸으렵니다

가파른 고갯길 환히
피어난 들꽃처럼
낯선 길 밝은 이정표 되고
바람도 좋은 들풀의
순한 얼굴로 하루를 살렵니다

다시 태어난다면
타인의 기쁨에 크게 웃고
너의 눈물에 내가 젖는
새벽이슬이 되렵니다

다시 오지 않는다 해도
지금 손끝에 부드러운
바람을 온몸으로 노래하렵니다

물은 흐르고 있다

뿌리마다 물은 흐르고 있었다
마른땅에 꽃이 피지 않듯
메마른 가슴에 피는 사랑은 없었다

길 따라 강은 흐르고 있었다
물 따라 꽃은 피고
꽃길 따라 우리는 걸었다

너의 슬픔이 흘러서
나의 눈물이 되었다

지구의 순환으로
처음 본 사람도 낯설지 않았다
너와 나
서로에게 스며들었다

호흡으로
가슴으로
우리는 끝없이
흐르며 살아가고 있었다

길은 강을 열었고
먼저 온 걸음 따라 길은 만들어졌다

작품해설

보이지 않는 사랑의 힘

- 조경숙 시인의 작품세계

이용철 시인
(부산대 강의교수)

1. 들어가며

조경숙 시인은 열정의 화신이다. 젊은 시절에는 특별병동을 지키는 간호사로 사명을 다했다. 삶과 죽음의 현장에서 모든 생명은 존엄하고 평등하다고 깨닫는다. 몸과 마음은 분리될 수 없는 하나이며, 밤을 지키는 사람들 덕분에 우리는 편히 잠을 잘 수 있다는 사실에 감사한다. 이후 보건교사로서 학교 보건교육에 헌신했다. 아이들은 사랑으로 성장하며 가정에서 부모의 역할이 무엇보다 중요함을 야전병원 같은 보건실에서 절실하게 느꼈다. 생명존중의 가치를 몸소 체험했다. 사람 사이의 인간관계를 바탕으로 한 올바른 인성교육을 실천하는 교육자였다. 조 시인은 재능도 많다. 민요에서 가요에 이르기까지 전문 가수를 능가하는 솜씨를 지녔다. 초등학교 '민요반'에 강사로 자원봉사하여 민요의 이해와 보급에 이바지한 것을 기뻐하였고 감사했다. 기회가 될 때마다 요양병원에서 재능기부도 주저하지 않았다. 늘 새로운 일에 도전하기를 즐긴다. 낭중지추囊中之錐라 했던가. 뾰족한 송곳은 감추려 해도 뚫고 나오듯이 자신의 재능이 문학이라는 새로운 세계에서 빛을 내기 시작했다.

조 시인은 평소 글쓰기에 관심이 많았다. 마침내 ≪에세이문예≫를 통해 수필가로 등단한다. 이후 활발한 창작활동을 통해 글쓰기 열정을 유감없이 발휘한다. 조 시인의 에너지는 수필 영역을 넘어 시의 세계로 진입한다. 새부산시인협회에서 발간하는 계간지 ≪부산시단≫의 신인상을 수상하며 시인으로 등단한다. 시와 수필의 세계를 넘나들며 문학적 열정을 선보인다. 이러한 열정과 노력으로 ≪부산시단≫ 작품상을 수상하기도 한다. 조경숙 시인이 시와 수필을 통해 밝히는 삶의 가치를 몇 가지로 정리해본다. 첫째, 하루하루를 완전히 태우는 열정적인 삶을 살아야 한다. 둘째, 끊임없이 내면을 성찰하고 가꾸어야 한다. 셋째, 사람은 시련과 잃음을 통하여 성장한다는 사실이다. 넷째, 선한 생각, 선한 행동이 결국 승리한다는 믿음이다. 다섯째, 보이지 않게 베풀어지고 있는 사랑에 대하여 감사하는 마음을 갖는 것이다. 여섯째, 삶은 배우는 여행이다. 이러한 삶의 철학을 바탕으로 조 시인의 작품세계를 살펴보고자 한다.

2. 시련을 통한 성장

詩는 언어를 통해서 보이는 것뿐만 아니라 보이지 않는

것까지도 상상력을 활용하여 압축한 시어로 그림을 그린 것이다. 그래서 시인은 대상을 관찰하는 눈이 필요하다. 시인의 눈은 단순한 육체의 눈이 아니라 언제나 깨어 있는 마음의 눈이어야 한다. 나무를 보면서 나무의 겉모습만 보지 않고, 나무의 생명력을 보고, 나무 그늘에 쉬고 간 사람을 볼 수 있어야 한다. 나무 그 너머의 우주를 보아야 한다.

詩에는 삼라만상에서 서로 멀리 떨어져 흘러가는 이미지를 포착하여 그 존재의 속성이 갖고 있는 연관성을 포착하는 직관이 필요하다. 그래서 한편의 시는 하나의 세계가 탄생하는 엄청난 일이다. 이러한 측면에서 조 시인의 작품 중에서 시련과 잃음의 아픔을 겪으면서 성장해 가는 철학적 사유를 어떻게 언어의 감수성으로 새로운 미학을 발견하는지 살펴본다.

「바다의 성장」에서 "바람이 아니면 시들한 바다/ 때 아닌 해풍에 춤사위 치는/ 바다는 바람으로 살아있다./ 바람보다 높은 파도의 힘/ 파도를 다스리는 바다/ 바다는 파도의 저항으로 일어난다." 우리의 삶은 바다이다. 바다에서 작은 파도의 힘이 저항으로 일어나며 삶의 거대한 대서사는 이루어진다. 작은 사건의 고통이 씨줄과 날줄로 엮여 삶의 바다가 형성된다. 바다는 하루에 70만 번이나 파도를 쳐서 새로워진다. 조경숙 시인에게 바다는 삶의 시원始原이며 자유와 해방을 추구하는 공간애空間愛 즉 토포필리아(Topophilia)다. 사람은 개인에 따라 선호하는 공간이 다르다. 어떤 이는 산을 좋아하고, 다른 이는 강을 선호한다. 공간이 인간의 운명을 결정하는 환경인자로 간주하는 관점이 토포필리아다. 그래서 조 시인에게 '바다'는 새로운 영역의 개척이다. 삶이 힘들 때는 자신의 내적 감정을 토로하는 탈영토의 공간이기도 하다.

「성산포에서」에서 "네게로 가는 길/ 두려움도 잊어버린/ 바다는 푸른 외침뿐/ (중략) 물결 내리치는 가파른 고갯길/ 헤쳐 나가는 이 아픔도/ 너라서 나는 행복할 수 있었다." 삶이란 깊은 어둠의 터널 속에서도 울지 않을 수 있는 것은 아픔을 헤쳐 나갈 수 있는 희망을 간직하고 있기 때문이다. 바다에서 존재의 의미와 가치를 깨달아 아픔을 극복하고 행복에 이르는 길을 찾는다. 조 시인에게 바다는 시집 전체에서 삶의 고통을 아우르고 수렴하는 은유이며 상징이다.

「질경이」에는 "밟을수록 일어나는 정신/ 위험으로 커지는 용기/ 누구보다 강인한 생각으로/ 척박한 길을 지어가는 너/ 스스로 선택한 삶/ 낮추어 높을 수 있었다." 시인은 질경이에서 시적 자아를 발견했다. 밟을수록 강해지는 질경이 같은 정신으로 삶을 개척하겠다는 의지를 엿볼 수 있다. 그래서 부족함이 삶의 밑거름이 됨을 알았고, 아픔이 키워 낸 꽃, 질경이를 통해 깨달음을 얻었다고 고백하고 있다.

「고인 눈물」에서 "우리들의 푸르른 기억과 갯벌의 발자국도/ 화석이 되어 버린/ 밀물과 썰물이 아픈 바다에서/ 깨끗이 지운 줄 알았던/ 무수한 눈물이/ 조개의 상처가 될 줄이야."작은 고통을 아픔의 기억으로만 가두지 않고 미래를 위한 씨앗으로 갈무리하는 내적 성숙을 보여준다. 바다 깊은 곳 거대한 해류와 밀물과 썰물의 움직임으로 모래의 서걱거림이 조개에게는 살을 에는 고통의 연속이었지만, 결국 영롱한 보석, '진주'를 만들어낸다. 그래서 조 시인은 고통을 위대함으로 인식한다. 이와 같이 한 방울의 눈물이 밴 시어詩語로 진주와 같은 시를 창작할 수 있다고 믿는다.

3. 성찰에서 모험으로

시인이 바라보는 대상은 우주의 삼라만상이다. 수많은 대상 중에서 생의 전율을 느끼는 감수성을 발휘한다. 그래서 시인은 체험에서 오는 서정적 충동을 노트에 옮겨 쓴다. 아리스토텔레스가 '시는 언어를 가지고 인생을 모방하는 예술이다.'라고 말했듯이 경험을 바탕으로 '영감靈感'을 얻는 것이다. 영감은 다른 세계, 낯선 세계와 만나는 경계선에서 생긴다. 영감을 얻기 위해 가장 먼저 해야 할 일은 예리한 관찰이다. 마음의 눈을 활짝 열고 사물을 바라보아야 한다. 그래야 사소하고 하찮은 것들 속에 숨은 가치 있는 인식을 이끌어 낼 수 있다. 단순한 관찰이 아니라 관찰을 통해 깨달아가는 '성찰省察'이 필요하다. 황동규 시인은 성냥개비만 한 작은 달개비 꽃에서 코끼리를 발견한다. 황동규의 〈풍장 58〉에 "달개비 떼 앞에서 쭈그리고 앉아/ 꽃 하나하나를 들여다본다./ 이 세상 어느 코끼리 이보다도 하얗고/ 이쁘게 끝이 살짝 말린 수술/ 둘이 상아처럼 뻗어있다."

시인이 성찰하는 대상에서 가장 근원적인 연못은 자신의

'내면'이다. 시는 내면의 샘터에서 흘러나오는 샘물이기 때문이다. 헤르만 헤세는 『데미안』에서 "새는 알을 깨고 나온다. 알은 세계다. 태어나려는 자는 세계를 파괴해야 한다. 새는 신에게로 간다. 그 신의 이름은 아프락삭스다."라고 말했다. 아프락삭스는 통합의 신이다. 인간이 갈라놓은 모든 선과 악, 추함과 아름다움 이 모두를 품은 신이다. 누가 세상을 둘로 나누는가. 누가 그 경계를 짓는가. 너는 악이고 나는 선인가. 나는 정의이고, 너는 불의인가. 우리는 언제까지 둘로 나누어 서로 다투는가를 헤세는 묻고 있다. 이러한 이분법적인 사고를 깨야 한다. 그래야만 새로운 세계로 건너갈 수 있다. 그 징검다리가 자신의 '내면 성찰'에 있다. 내면의 목소리를 듣고 자신이 찾고자 하는 '자아自我'를 스스로 발견해야 한다. 이것이 '성장成長'이다. 성장하기 위해서는 따뜻한 알의 세계에서 낯선 세계로 나서는 모험을 해야 한다. 시인은 새로운 세계로 나서는 모험가다.

조 시인은 「새벽이슬」에서 아침 붓꽃을 통하여 자아를 넘어 모험을 감행한다. "새벽이면 젖는 풀잎/ 누구나 마음 꺼낼 때/ 말보다 먼저/ 눈물이 난다./ (중략) 이른 아침 붓꽃이/ 더 아름다운 것은/ 해 보기 전/ 잎마다 흘린 이슬로/ 제 아픔 씻기 때문이다./ 슬픈 생각 지우기 때문이다." 우리의 삶은 슬픔으로 가득하다. 그 슬픔은 사라지지 않고 마음에 켜켜이 쌓여있다. 아침 붓꽃이 이슬에 젖은 모습은 우리 인간의 모습이다. 사람은 자신의 슬픔을 밖으로 드러내지 않으려고 한다. 오히려 웃음으로 자신의 마음을 감추려고 한다. 사람은 다양한 페르소나(persona)로 살아간다. 부모라는 가면, 자식이라는 가면, 직장인으로서의 가면, 가까운 친구들과 있을 때 얼굴 표정, 가족을 잃었을 때 표정 등 수많은 얼굴로 존재한다. 우리는 울음을 간직한 존재다. 그 울음이 이슬로 흘러내린다. 그러면 슬픔이 지워질까. 조 시인은 해가 뜨고 이슬이 사라지면, 우리는 새로운 세계로 건너갈 수 있다고 희망한다. 그리고 새로운 세계로 모험을 떠난다. 그래서 「다시 태어난다면」에서 "가파른 고갯길 환히/ 피어난 들꽃처럼/ 낯선 길 밝은 이정표 되고/ 바람 좋은 들풀의/ 순한 얼굴로/ 하루를 살렵니다./ (중략) 다시 오지 않는다 해도/ 지금 손끝에 부드러운/ 바람을 온몸으로 노래하렵니다."슬픔을 넘어선 긍정의 세계로 진입한다. 순한 얼굴로 하루를 노래하는 페르소나로 살아가고 싶어 한다. 내면의 샘물에서 자아의 두레박으로 희망을 퍼 올린다. 그러므로 희망적인 시 한 줄이 잠든 삶을 깨우고 아픈 상처를 어루만질 수 있다.

작가의 역량은 대상을 포착하는 촉수를 여러 갈래로 내뻗는 힘이다. 민감하고 예리한 감각은 대상을 감지하고 껴안아야 한다. 그렇기 위해서는 늘 주변 상황에 대한 이해력이 뛰어나야 한다. 언어를 구사하는 감수성이 있어야 한다. 그리고 포착한 대상을 자기만의 의미와 가치로 해석하여 이미지로 표현하는 구성력을 갖추어야 한다. 그런 의미에서 조 시인이 포착한 '바람'의 의미를 곱씹을 필요가 있다. 바람은 자연적인 현상으로 공기의 흐름을 일으켜 자연계의 변화를 일으키는 촉매제 역할을 한다. 또한 바람은 그 힘으로 인간의 마음을 다른 곳으로 옮기는 동기부여의 힘이기도 하다. 「바람이 붑니다」에서 "바람이 붑니다./ 길을 가는 걸음이 빨라집니다./ 때로/ 눈물도 잊고 살아야 할 때가 있습니다./ 바람 소리에 묻혀/ 나를 잊고 싶은 적도 있었습니다." 바람으로 인해 강물이 불어나고 새로운 사람과 새로운 길을 만들고 있다. 바람의 힘으로 세상은 몇 걸음 진보하는 동력이 된다. 또한 그런 바람을 소망하고 있다.

독일 의사 막스 피카르트가 『침묵의 세계』에서 말한 것처럼, 우리는 생명 이전의 세계인 '침묵의 세계'에서 죽음의 세계인 '다른 침묵의 시계'로 돌아가는 존재이다. 우리는 침묵을 통해 내면을 관찰한다. 그것은 사색의 시간이다. 온갖 충동과 유혹에 흔들리는 자신을 관찰하여 경고하는 행위가 사색이다. 사색은 내면을 들여다보는 시간이다. 침묵 속에서 응시하고 내면을 깊게 본다. 그래야만 다른 세계로 성장할 수 있는 바탕을 만들 수 있다. 자신을 뛰어넘어 더 큰 존재로 성장할 수 있다. 결국 詩도 더 심오한 의미와 감동을 독자에게 제공할 수 있다. 그것이 시의 매력이며 숙명이다.

4. 희망과 사랑의 힘

미국의 여류시인 에밀리 디킨슨의 시 「사랑이란 이 세상의 모든 것」에서 "사랑이란 이 세상의 모든 것/ 우리 사랑이라 알고 있는 모든 것/ 그것이면 충분해. 하지만 그 사랑을 우린/ 자기 그릇 만큼밖에 담지 못하리."라고 노래했다. 사랑을 담을 수 있는 그릇의 크기가 그 사람을 나타낸다. 우리는 살기 힘든 세상에 詩가 무슨 소용이냐고 말한다. 그러나 시에는 희망과 사랑이 숨어 있다. 힘들게 살아가거나, 상처입고 아파하는 사람을 위로하고 치유하는 힘이 시에는 있다.

「새는 새벽을 깨운다」에서 평자는 새를 '사랑'으로, 새벽을 '희망'으로 읽는다. "새벽을 깨우는 새/ 노을이 불러온 아침/ 아무렇지도 않은 일들이/ 의미로 다가오는 날/ (중략) 나는 예전처럼/ 들뜬 손으로 화장을 서두르고/ 아침을 준비한다./ 오늘, 나의 하루는 특별해진다." 사랑하는 순수한 마음이 희망의 설렘을 불러일으킨다. 우리가 잃어버렸던 소년, 소녀의 순수한 아름다움을 되살린다. 마치 알퐁스 도데의 『별』에서 순결한 한 마리 양, 스테파네트 아가씨를 지키는 목동처럼. '저 숱한 별들 중에 가장 가냘프고 가장 빛나는 별님 하나가 그만 길을 잃고 내 어깨에 내려앉아 고이 잠들어 있노라.'라고 생각하며 목동의 가슴이 벅차오른다. 순수하고 아름다운 사랑은 우리가 잃어버리고 사는 것들을 떠올리게 한다. 그리고 희망을 발견하고 가슴 벅차게 된다. 사랑하는 마음으로 새가 새벽을 깨운다. 우리는 하루를 희망 속에서 살아갈 힘을 얻는다. 「길을 깨다」에서 "때로 볼온하다 부르는 것과/ 위험과 두려움이/ 새 길의 열쇠가 되었다./ (중략) 어둠을 밝힐 수 있는/ 고난을 걸을 수 있는/ 그 중심은 용기보다 사랑이었다."라고 조 시인은 고백하고 있다.

「꿋발」에서 '꿋발'은 까치발이다. "집 오래 비운 사이/ 세

들어온 개미/ 지하 방도 흥감하고/ 신혼 살이 재미지다.// 무심히 내디딘 발/ 그 행복이 다칠까 봐/ 꼿발을 한다." 개미를 밟지 않으려고 까치발을 하는 모습이 떠오른다. 생명을 사랑하는 시인의 태도를 엿볼 수 있다. 생명에 대한 외경畏敬이다. 살아 있는 것들에 대한 모성애의 발로다. 좀 다른 시각으로 보면, 인류가 건설한 거대한 물질문명은 소수의 사람이 다수의 사람들을 동원하여 만든 야만의 상징으로 볼 수도 있다. 인류가 자랑하는 화려한 문물에는 억압과 지배라는 동물적 야만성이 숨어 있다. 남성적 폭력성이 낳은 것이 경쟁, 살육, 갈등, 전쟁이라면, 여성적 감수성은 차이를 수용하고 포용하는 수평적인 문화이다. 조 시인은 개미를 보고 무심코 밟을 수도 있지만 '꼿발'을 하며 타자와 공존하고자 한다. 그 바탕에는 '사랑'이 있다.

「나무가 되다」에서 사람이 죽어 나무가 된다. "이루지 못한 생각을/ 고이 묻어두기로 하였다./ (중략) 함께한 어떤 날도 헛되지 않았다./ 상처도 고운 단풍잎/ 황폐한 이 땅을 날로 거름 지었으니/ 새 생명 이루었으니." 세상에 헛되이 살다 간 사람은 없다. 삶과 죽음을 긍정하는 것은 조 시인의 내면이 긍정으로 가득하기 때문이다. 사람은 죽어서 한 그루의 나무를 탄생하게 한다. 새 생명을 키우는 밀알이 된다. 그래서 헛된 삶이란 없다.

미국의 초월주의 철학자이며 시인 랄프 왈도 에머슨은 「성공이란」 시에서 "자주 많이 웃을 것. 현명한 이에게 존경받고 아이들에게 사랑받는 것. (중략) 아름다움을 식별할 줄 알며, 다른 사람에게서 최선의 선을 발견하는 것. (중략) 자신이 태어나기 전보다 세상을 조금이라도 더 살기 좋은 곳으로 만들어놓고 떠나는 것. 자신이 현재 살아있음으로 해서 단 한 사람의 인생이라도 행복해지는 것. 이것이 진정한 성공이다."라고 말했다. 우리는 자신의 삶을 반성하고 성찰하는 시간이 필요하다. 세상을 조금 더 살기 좋은 곳으로 만들고 있는지 돌아보아야 한다. 도스토예프스키는 "인류에 대한 사랑이란 말은 자기가 마음속에서 만들어낸 인류에 대한, 즉 자기 자신에 대한 사랑을 말하는 것이다."라고 했다. 그래서 유한한 존재인 인간이 세상의 모든 사람을 만날 수 없으므로 지금 주변에 있는 사람을 사랑하는 것이 인류애를 실천하는 일이다. 조 시인이 세상을 바라보는 시선은 따뜻하다. 세상에는 보이지 않는 사랑의 힘이 작동하여 선善한 방향으로 향한다. 그래서 힘들고 아픈 사람도 희망을 잃지 않고 살아간다.

5. 나오며

조경숙 시인의 첫 시집 『새는 새벽을 깨운다』에서 드러난 시인의 철학적 사유와 언어의 감수성을 살펴보았다. 시인은 언어의 명의名醫여야 한다. 쉬우면서도 공감을 얻을 수 있는 낱말로 언어의 망을 짜는 기술이 필요하다. 시적 대상을 비유하고 은유하는 능력을 갖추어야 한다. 그래야만 시인의 체험이 단순한 경험의 나열이 아니라 문학적 형상화를 갖춘 문학예술로 자리매김할 수 있기 때문이다.

조 시인의 시집을 관통하는 삶에 대한 사유를 크게 세 가지 관점에서 살펴보았다. 첫째, '시련을 통한 성장' 둘째, '성찰에서 모험으로' 셋째, '희망과 사랑의 힘'이란 주제로 작품을 분석해보았다. 보이지 않는 사랑의 힘은 '바위에 피는 꽃'을 만든다. 간절함은 바위에서도 꽃을 피운다. 「예인선」에서 작은 배가 큰 배를 이끈다. 우리를 잡고 있는 "작은 손"덕분에 거친 항해도 헤쳐 나갈 수 있다. 그리고 "혹한의 바람에도 지지 않을/ 등불 하나 걸어 두었다."사랑이라는 작은 손이 희망이란 등불을 걸어 두는 힘이 된다. 여기에는 수직적 억압구조가 아니라 수평적 동료의식이 존재한다. 무생물에도 생명이 깃든 대상으로 보는 조 시인의 '범생명주의와 휴머니즘'을 엿볼 수 있다.

늦가을이면 멀리 북쪽 시베리아에서 출발한 철새들이 떼를 지어 낙동강 하구로 날아온다. 새들은 V자 형태로 무리지어 '편대비행'한다. V자 형태로 비행하는 것은 매나 독수리 등 천적의 공격을 피해 안전하게 목적지에 도달하기 위해서다. 연구조사에 의하면, 홀로 비행하는 새보다 무리 지어 비행하는 새들이 날갯짓 횟수와 심장박동에서 에너지를 11~14% 덜 소비한다고 밝혀졌다. 앞서 날아가는 새가 만든 상승기류를 뒤에 따르는 새들이 이용하기 때문이다. 또 무리 간 의사소통이 원활하다는 분석도 있다. 새들이 장거리를 비행하고 도착하면 몸무게가 많이 빠지겠지만 새의 이동은 본능이며 생명이다. 새들의 비행 속에는 '사랑'이 숨어 있다. 영하의 겨울 아침에도 '새는 새벽을 깨운다.' 우리는 사랑의 영원성을 믿으며 희망으로 새 아침을 연다.

조경숙 시인은 열심히 공부하고 도전하는 작가이다. 수필문단과 시단에서 더 많은 활약을 기대하며 더욱 성장할 것으로 믿는다. 다양한 분야의 독서와 깊은 사색으로 더욱 좋은 작품을 창작할 것이다. 대상을 포착하는 촉수를 예리하게 하고, 사물을 껴안는 포용력을 갖춘 시인으로 우뚝 설 것이다. 언어를 다루는 디자이너로 아름다운 우리말을 발굴하여 참신한 시어로 활용할 역량을 발휘할 것이다. 자연물에 생명의 숨결을 불어넣고 새로운 의미를 부여하는 치열한 문학적 형상화만이 시인을 시인답게 만든다. 쌀을 재료로 하여 밥을 지으면 산문이 되고, 술로 담그면 시와 노래가 된다. 잊혀져가는 우리말을 채집하여 언어적 감수성으로 새롭게 창작하는 '등불' 같은 시를 기다린다. 많은 독자들에게 감동어린 '새벽'을 깨울 수 있기를 바란다. 조 시인의 내면에 흐르는 따뜻한 인간애와 열정 그리고 긍정적인 태도를 믿기 때문이다.

조경숙 시집
새는 새벽을 깨운다

인쇄일: 2019년 11월 20일
발행일: 2019년 11월 25일

지은이: 조경숙
펴낸이: 최경식
펴낸곳: 도서출판 청옥문학사
인쇄처: 세종문화사

등록번호 제10-11-05호
E-mail: sik620@hanmail.net
전화: 051-517-6068

값 10,000원

ISBN 978-89-97805-89-1 03810

이 도서의 국립중앙도서관 출판예정도서목록(cip)은 서지정보유통지원시스템 홈페이지(http://seoji.nl.go.kr)와 국가자료공동목록시스템(http://www.nl.go.kr/kolisnet)에서 이용하실 수 있습니다.(cip2019047479)